Die hundert hier versammelten Gedichte, die 1987 erstmals publiziert wurden, zeigen wiederum die ganze Meisterschaft von Robert Gernhardt. Ungemein heiter, in trockener und lakonischer Sprache schreitet er den ganzen Kreis des Lebens aus: verblaßte Lust und Körperfrust, Heimatliebe und Toscanaglück, Dichterleid und Schicksalsmacht. Schelmisch umkreist Gernhardt die Unannehmlichkeiten des angenehmen Lebens und fügt mit ungeheurer Leichtigkeit Vers an Vers. So spielerisch die Gedichte auch daherkommen, Gernhardt weiß um die lyrische Tradition, in der er steht. Souverän bedient er sich zuweilen der klassischen Formen, um Pointe auf Pointe zu setzen und den hohen Ton genüßlich zu parodieren. Jedes einzelne Gedicht von Gernhardt belegt, daß beste Unterhaltung und geistreiches Dichten eben keine Gegensätze sein müssen. Immer ist sein unverwechselbarer Witz gepaart mit Hintersinn. »Das Tiefe, das Flache? Sind nicht verschwistert sie?« fragt Gernhardt und fügt listig hinzu: »Welche da glauben, sie würden noch flachsen, wissen sie denn, ob sie längst nicht schon tiefsen?«

*Robert Gernhardt*, 1937 geboren in Reval/Estland, studierte Malerei und Germanistik in Stuttgart und Berlin. Er lebt als freier Schriftsteller, Maler, Zeichner und Karikaturist in Frankfurt am Main. Als Fischer Taschenbuch sind von Gernhardt außerdem erschienen: die Gedichtbände ›Wörtersee‹ (Bd. 13226) und ›Besternte Ernte‹ (mit F. W. Bernstein, Bd. 13229), das Lese- und Bilderbuch ›Über alles‹ (Bd. 12985) sowie ›Die Wahrheit über Arnold Hau‹ (mit F. W. Bernstein und F. K. Waechter, Bd. 13230).

Robert Gernhardt
*Körper in Cafés*
Gedichte

Fischer Taschenbuch Verlag

Veröffentlicht im Fischer Taschenbuch Verlag GmbH,
Frankfurt am Main, Oktober 1997

Lizenzausgabe mit freundlicher Genehmigung
des Haffmanns Verlags, Zürich
© Haffmanns Verlag AG, Zürich 1987
Druck und Bindung: Clausen & Bosse, Leck
Printed in Germany
ISBN 3-596-13398-x

*Gedruckt auf chlor- und säurefreiem Papier*

Inhalt

 I  KÖRPER  7

 II  HEIMAT  37

III  KLAGE  49

IV  ICH  59

 V  FREMDE  71

VI  SPIEL  89

VII  KUNST  99

VIII  SCHICKSAL  115

IX  SINN  129

 X  LEHRE  145

# I KÖRPER

## LIEBESGEDICHT

Kröten sitzen gern vor Mauern,
wo sie auf die Falter lauern.

Falter sitzen gern an Wänden,
wo sie dann in Kröten enden.

So du, so ich, so wir.
Nur – wer ist welches Tier?

## ERMUNTERUNG

Hallo, süße Kleine,
komm mit mir ins Reine!

Hier im Reinen ist es schön,
viel schöner, als im Schmutz zu stehn.

Hier gibt es lauter reine Sachen,
die können wir jetzt schmutzig machen.

Schmutz kann man nicht beschmutzen,
laß uns die Reinheit nutzen,

Sie derart zu verdrecken,
das Bettchen und die Decken,

Die Laken und die Kissen,
daß alle Leute wissen:

Wir haben alles vollgesaut
und sind jetzt Bräutigam und Braut.

## ZWEI TISCHE WEITER

Wer ist der Herr,
der rund und satt
da diese schöne
Dame hat?

Ich kann ihn nur
von hinten sehn.
Dem tut die schöne
Dame schön?

Sein Haar so grau,
sein Leib so dick –
die Dame wendet
keinen Blick.

Sie schaut ihn
innig an und lacht.
Ich frage mich, wie
der das macht.

Der Blick der Dame
hängt am Herrn,
der Herr da drüben
wär ich gern.

So dick wie er
und so ergraut,
so oh! belacht,
so ach! beschaut.

## SCHÖNE FRAUN

Schöne Fraun, die haben immer recht.
Sie mögen zwar böse sein, doch sie sind nie schlecht.

(Schöne Fraun und schlecht –
das wäre ja noch schöner!)

Schöne Fraun, die tun nicht immer gut.
Jedoch allein ihr Anblick! Wie gut der tut!

(Es gibt nichts Schöneres
als den Anblick schöner Fraun!)

Schöne Fraun, die sind das Schönste auf der Welt.
Und wir Männer sind der Mond, der den Hund anbellt.

(Daß sie uns auch noch den allerletzten Rest Verstand
rauben, das ist das Allerschönste an schönen Fraun!)

Schöne Fraun! Wer möchte sie nicht immer sehn!
Doch bleiben schöne Fraun gottlob nicht immer schön.

(Dann wird man endlich auch drei, vier Worte über
den Charakter dieser Biester verlieren können.
Bis dahin aber heißt es:)

Schöne Fraun etc.

## ALS SICH DIE PARTY AUFLÖSTE

Arr ju launsam tuneit?
Yes, I'm lonesome tonight.

Will ju hauld mi tuneit?
Yes, I will hold you tonight.

Schell ei order as ä texi?
Oh yes, order us a taxi.

Schell wi gau tu ju orr tu mi?
Well, let's go to your place.

Batt wi kännt gau tu mi, eim merriet.
Good God! You should have told me earlier.

Ei treit tu. Batt epperentli
jorr Inglisch is verri pur!

Did you say: My English?
Nau. Ei sed: Jorr Inglisch.

My English? I really don't understand –
Wei daunt ju trei tu lörn Inglisch?

## NACHT DER NÄCHTE

Es liegt was in der Luft,
ein ganz besondrer Klang,
der vielzuviel verspricht,
jedoch er hält es auch.

Heut nacht geht etwas um,
wer darauf hört, ist klug.
Wer's überhört, riskiert,
daß er den Kopf bewahrt.

Der Kopf ist klar und kühl,
die Nacht ist voll Geräusch.
Die Luft ist weich und warm,
wer kopflos ist, wird reich.

## GESTÄNDNIS

Ich habe ein großes Gefühl für dich.

Wenn ich an dich denke,
gibt es mir einen Schlag.
Wenn ich dich höre,
gibt es mir einen Stoß.
Wenn ich dich sehe,
gibt es mir einen Stich:
Ich habe ein großes Gefühl für dich.

Soll ich es dir vorbeibringen,
oder willst du es abholen?

## JA UND NEIN

Dreimal Ja und dreimal Nein
machen ein Vielleicht.
Kein Geh weg mehr,
noch kein Komm –
schön, wenn dir das reicht.

Mir reicht's nicht, damit du's weißt.
Gott, geht mir das auf den Geist,
dieses:
Ja, ja, ja, nein, nein, nein –
bleib bloß draußen, doch komm rein.

## ZUVIEL VERLANGT

Mach dich klein
mach dich groß
laß mich ein
laß mich los.

Mach dich jung
mach dich alt
gib mir Schwung
gib mir Halt.

Mach mich an
mach dich fort
laß mich ran
sei nicht dort.

## AUFFORDERUNG

Tage gibt es, da ich mich entleere.
Ich zieh das voll durch. Gleich einer Blase,
die man ansticht, treib ich Stoff und Gase
aus. Durch alle Öffnungen fällt Schwere

Von mir ab. Der Leib wird eine Hülle,
die nichts hält. Da! Jetzt entweichen
auch Hirn, Herz und Seele und dergleichen,
bis nur Leere ist. Und das meint: Fülle!

## DIE LUST KOMMT

Als dann die Lust kam, war ich nicht bereit.
Sie kam zu früh, zu spät, kam einfach nicht gelegen.
Ich hatte grad zu tun, deswegen
war ich, als da die Lust kam, nicht bereit.

Die Lust kam unerwartet. Ich war nicht bereit.
Sie kam so kraß, so unbedingt, so eilig.
Ich war ihr nicht, nicht meine Ruhe, heilig.
Da kam die Lust, und ich war nicht bereit.

Die Lust war da, doch ich war nicht bereit.
Sie stand im Raum. Ich ließ sie darin stehen.
Sie seufzte auf und wandte sich zum Gehen.
Noch als sie wegging, tat es mir kaum leid.
Erst als sie wegblieb, blieb mir für sie Zeit.

## DIES UND DOCH

Dies Gelächter! Perlend fällt es
ab von spitzen Tönen in die
Tiefen, wo es nur noch gluckert
und verebbend endet, um doch
wieder neu emporzuschießen,
abzufallen, zu vergluckern,
dies Gelächter. Hätte ich es
ausgelöst, ich stimmte ein in
dies Gelächter. Doch es gilt mir.

## KÖRPER IN CAFÉS

Körper in Cafés verstehn es,
nicht zu sagen, was sie meinen.
Trinken cool aus großen Gläsern,
statt vollrohr in sie zu weinen,

Haben kein Problem mit Gesten,
da die quasi null bedeuten:
Sich umarmen geht ganz easy,
man umarmt sich ja vor Leuten.

Aber dann in den vier Wänden
müssen Körper Flagge zeigen.
Voll hängt er in ihren Sielen
und die Hölle voller Geigen.

## BEZIEHUNGSGESPRÄCH

Sieben Zeilen, sieben nur,
reihn gleich einer Perlenschnur
schimmernd Wort an Widerwort:

Ich bin hier, und du bist dort
Ich bin Herr, und du bist Knecht
Ich bin gut, und du bist schlecht
Ich bin groß, und du bist klein
Ich bin Mensch, und du bist Schwein
Ich bin Nil, und du bist Styx
Ich bin alles, du bist nix.

# IMMER DASSELBE

Wie so oft schon wirft das Tischtuch
äußerst ungestalte Falten,
droht der hitzige Gesprächsfluß
unversehens zu erkalten,
greifen Hände schnell und fahrig,
fast schon zitternd, zur Karaffe,
kippt das Schweigen um in Klage,
wandelt sich das Wort zur Waffe:

Wie so oft schon, wenn vor dritten
zwei an ihrem Einssein litten.

## FROMMER WUNSCH

Mein Mantel hat einen Gürtel.

Der ist immer da,
doch ich brauche ihn nie.

Der hängt von mir ab,
doch ich binde ihn nie.

Der ist nützlich und schmuck,
doch ich sehe ihn nie:

So wünsch ich mir meine Gefährtin.

# FRAGE UND ANTWORT

1

Sag: Wie wüßt ich, was ich wiege,
wenn ich niemanden bedrücke?
Wenn mir niemand sagt: O Liebster,
ich zerbrech an diesem Glücke.

Wenn mir niemand sagt: Du Saukerl,
heb den Arsch aus meinen Kissen,
da ich sonst an dir ersticke –
Dergestalt von sich zu wissen,

Muß doch schließlich noch erlaubt sein.
Oder ist das nicht gestattet?
Sag mir bitte dann, warum sich
ständig Fleisch dem Fleische gattet!

2

Wovon spricht der Typ? Wenn man ihn
hört, wird klar: Da spricht ein Irrer,
welchem schwant, daß da was wirr wär –
Ach, es ist ja noch viel wirrer,

Was die Paare so zu Paaren
treibt, daß niemand mehr voll durchsieht,
warum frau/man es gestattet,
daß man sie/ihn mal toll durchzieht.

## EINER SUCHT DEN DIALOG
## ZWISCHEN DEN GENERATIONEN

So viel Zukunft
in diesen Geschöpfen.
Man sollte sie allesamt
köpfen.

So viel Hoffnung
in diesen Seelen.
Man sollte sie allesamt
pfählen.

So viel Weite
unter uns Engen.
Man sollte sie allesamt
hängen.

So viel Wölfe
unter uns Schafen.
Man sollte sie allesamt
beschlafen.

So viele Nymphen.
So viel Epheben.
Sie werden mich allesamt
überleben.

## VÄTERLICHE ERMAHNUNG

All das leuchtet, die Lippen,
die Augen.
All das macht Sinn.
All das spricht so betörend: Hör
nicht hin.

Sind doch nur Lippen
und Augen.
Was ist schon dran.
All das spricht auch nicht ewig: Sieh
mich an.

## ALSO WIE NUN

Wie willst du mich denn halten?
Mit diesen meinen Händen.
Mit diesen deinen Händen?
Die soll dir Gott zerspalten.

Wie willst du mich denn tragen?
Mit diesen meinen Armen.
Mit diesen deinen Armen?
Die soll dir Gott abschlagen.

Wie? Du willst mich verlassen?
Auf diesen meinen Sohlen.
Auf diesen deinen Sohlen?
Die soll der Teufel holen.

## VERWUNDERUNG

Daß es dich gibt, trotz alledem,
ja – ist denn das zu fassen?
Mein Liebling, ich verließ dich doch,
du kannst dich drauf verlassen:
Ich kehr nie mehr zu dir zurück,
du bist für mich gestorben.
Für mich, das meint: für alle Welt.
Dem, der um dich geworben,
sag bitte, es sei unsinnig,
wenn er dir sagt, er liebt dich.
Er kann nicht lieben, was nicht ist,
und dich, mein Liebling, gibt's nicht.

## ZWEI ERINNERN SICH

Aber das war doch das Glück!
Als wir auf dieser Terrasse standen,
als sich erst Worte, dann Finger, dann Lippen fanden,
und ich beugte mich vor,
und du lehntest dich zurück –
»Das war nicht das Glück!«

Aber doch! Das war das Glück!
Als wir dann diese Treppe hochstiegen,
so heiß und von Sinnen, daß wir meinten zu fliegen,
und dann sprang diese Tür auf,
und es gab kein Zurück –
»Aber das war doch nicht das Glück!«

Aber ja doch! Das war das Glück!
Als wir uns zwischen diesen Laken verschränkten
und gaben und nahmen und raubten und schenkten,
und wer immer etwas gab,
erhielt es tausendfach zurück –
»Das war unser Unglück.«

## DUNKLE VORGÄNGE AUF EINER TERRASSE IN SCHWACHEM MONDLICHT

Du denkst, es ist das Taschenmesser,
doch es ist der Lippenstift.
So gedrungen und dunkel –
man könnte ihn wirklich für ein Taschenmesser halten.

Du denkst, es ist die Sonnenbrille,
doch es ist die Seifendose.
So aufgeklappt und verdoppelt
sieht sie fast aus wie eine Sonnenbrille.

Du denkst, es ist die Brieftasche,
doch es ist der Waschlappen.
So glänzend und eckig
macht er tatsächlich den Eindruck einer Brieftasche.

Du denkst, da will dich jemand umarmen,
doch da will dich jemand erwürgen.
So zärtlich und sanft –
es fühlt sich wie eine richtige Umarmung an.

Rasch, stoß zu!
Du hast ja den Lippenstift!
Schnell, tarne dich!
Du hast ja die Seifendose!
Und nun flieh!
Du hast ja den Waschlappen!

# EIN FRÜHJAHR

Und dann versagte sich
ihm auch noch jene Frau.
Nun war er sehr allein und schrie in Nächten
nach Engeln, daß sie ihm zu trinken brächten,
die aber sagten: Nichts da, Freundchen, bist schon blau.
So ging der März dahin.

Doch dann! Da kam April,
und mit ihm kam das Glück.
Nun war er sehr bestimmt und schrieb in Briefen,
daß Engel sie an seine Seite riefen.
Das war zuviel für sie. Sie kam zurück.
So ging es in den Mai.

Und dann versagte er
auch noch bei jener Frau.
Nun war sie sehr verstört und rief voll Schrecken,
er könne sich die Engel dorthin stecken,
wo – die aber flogen tief gekränkt ins Blau
des ganz entrückten Himmels.

# DA!

Da tritt sie ein,
die wirklich schöne Frau.
Da ist er breit,
der wirklich gute Mann.

Dabei hatte alles so hoffnungs-
voll begonnen ...

Wirklich guter Mann sucht wirklich
schöne Frau, hatte er inseriert,
worauf ihm drei Frauen geantwortet
hatten. Dann die Treffen ...

Da trat sie ein,
die nicht sehr schöne Frau.
Da sprach er: Raus!
der wirklich gute Mann.

Vielleicht hätte er nach diesem
Mißerfolg nicht sogleich zur
Flasche greifen dürfen ...

Da trat sie ein,
die schon sehr schöne Frau.
Da rief er: Prrooscht!
der wirklich gute Mann.

Vielleicht hätte sie nicht einfach
weggehen und er nicht einfach weiter-
trinken dürfen ...

Da trat sie ein,
die wirklich schöne Frau.
Da war er hin,
der wirklich breite Mann.

Vielleicht hätte sie trotzdem ausharren sollen. Denn schon nach Stunden ...

Da sah er auf,
der wirklich gute Mann.
Da war sie weg,
die wirklich schöne Frau.

Aber vielleicht nimmt diese ganze unselige Geschichte nun ganz unerwartet doch noch ein gutes Ende?

Da

Ach was. Nichts da.

## ALLES KLAR

Was Männer an Frauen finden —
unerfindlich.
Warum sich Männer an Frauen binden —
unergründlich.
Wieso Männer nach Frauen greifen —
unbegreiflich.
Weshalb Frauen auf Männer pfeifen —
klar wie Kloßbrühe.

# II HEIMAT

## IM OPERNCAFÉ (4.4.1985)

1

Dort verschleiert sich das Wasser
(eines Brunnens)
da verschleiern sich die Blicke
(einer Frau)
hier verschleier ich
(der Dichter)
meinen wahren Zustand
(bin fix blau).


2

Aufs Gegenglück, den Geist,
ist doch gepfiffen,
der Herden Glück, das Fleisch,
ist angesagt:
Ich will heut abend nicht allein,
ich will ein Teil der Herde sein.

Das Gegenglück, der Geist,
ist was für immer.
Das Fleisch ist was für heute
oder nie:
Ich will es schnell und hier und gleich.
Der Geist ist hart, das Fleisch ist weich.

Dem Gegenglück, dem Geist,
kann jeder dienen.
Beim Dienst am Fleische erst
zeigt sich der Mann:
Ich sage das so grob wie platt,
ich habe alle Feinheit satt.

Das Gegenglück, der Geist,
ist leicht zu haben.

Ans Fleisch zu kommen
fällt bisweilen schwer:
Heut abend wird mir nichts erspart.
Der Geist ist weich. Das Fleisch bleibt hart.

## TRETBOOTE AUF DEM MAIN

Des starken Blau bedächtige Bewegung
wird sanft gelenkt von zwei sehr weißen Händen.
Noch weißer droht ein Schwan. Die schmalen Hände
beschwichtigen die Angst des großen Vogels
und drehn am Steuer. In sehr weicher Wendung
dreht da das Blau bei, so, daß Boot und Vogel
in schönem Gleichmaß durch das Wasser gleiten,
weiß-blau. Nach seinem grünen Schreibheft
sucht der Betrachter eilig, schreibt erst Gleichmaß,
dann Schwanenhals, dann Doppelung, dann Zauber,
da blickt er auf. Weit auseinander ziehen
da Weiß und Blau ganz zufällige Bahnen,
und zwischen sie schiebt sich ein Rot, aus welchem
ein Kreischen kommt, das allen Zauber endet.

# FRESSGASS, ENDE AUGUST

So laufen Männer heute rum,
so sinnlos, geistarm, körperdumm:

Sie zeigen einen nackten Arm,
der ist so blöd, daß Gott erbarm.

*Diese nackten Arme, die immer aus diesen
knappgeschnittenen Shirts herausragen!*

Sie zeigen einen nackten Hals,
dem fehlt's an Klugheit ebenfalls.

*Diese nackten Hälse, die immer in diesen
bescheuerten Köpfen enden!*

Sie zeigen einen nackten Bauch,
das Hemd ist kurz, das Hirn ist's auch.

*Diese nackten Bäuche, die immer in diese
Jeans eingeschnürt werden!*

Sie zeigen sich halbnackt und stolz
und sind so stumpf und dumpf wie Holz.

*Diese halbnackten Männer, die immer so
bedeutend durch die Gegend schreiten!*

Sie zeigen, daß sie leben.
Auch das wird sich mal geben.

## OBSZÖNE ZEICHNUNG
## AM VOLKSBILDUNGSHEIM

Pimmel an der Wand –
daß ich dich hier fand!

Malte ihn doch selber mal
prahlend an die Wände,
nahm ihn in natura auch
in die Künstlerhände.

Hielt ihn tags mit Filzstift fest
und ihm nachts die Treue,
taglang stand er an der Wand,
nachts stand er aufs neue.

Daß das nun schon lange her,
ist kein Grund zum Trauern.
Seht: Noch immer malen ihn
Hände an die Mauern.

Ist es auch nicht meiner mehr,
den die Maler feiern,
ist es doch noch immer er,
der von prallen Eiern

mächtig in die Höhe wächst,
um aus seiner Ritzen
den geschwungnen Lebenssaft
in die Welt zu spritzen:

Pimmel an der Wand meint nicht
meinen oder deinen.
War nie unser, wird's nie sein,
denn wir sind die seinen.

# MAREDO STEAK-HOUSE

Die Stücke toter Tiere auf den Tellern
Die Teller in den Händen junger Menschen
Die jungen Menschen sind schwarz-rot gewandet

Die weißen Wände, roh gespachtelt, werden
Von schwarzgestrichnen Stämmen jäh durchbrochen
Wild spaltet sich das Holz der schwarzen Stämme:

Hier ist man ja mitten unter Gauchos!
Hier weht ja der schärfere Wind der Pampas!
Hier sollte man eigentlich nicht ohne Messer herkommen!

Das Deckenholz ruht schwer auf dunklen Säulen
Am Boden glänzen pflegeleichte Kacheln
Ein offnes Feuer glost durch rußges Eisen

Im Halblicht prüft der Kunde die Salate
Dann stellt er seinen Teller selbst zusammen
Für sieben fünfzig hat er freie Auswahl:

Ja, ist hier das Paradies ausgebrochen?
Ja, geht es noch ungezwungner?
Ja, fällt man sich hier als nächstes in die Arme?

Das Riesen-Entrecôte ist fast ein Pfund schwer
Der Fettkern macht es saftig und besonders
In Sauerrahm getaucht lockt die Kartoffel

Das Messer schneidet silbern in das Fleischstück
Das rote Blut quillt auf den weißen Teller
Dem Schneidenden wird plötzlich schwarz vor Augen:

Wie schön still es hier auf einmal ist.
Wie schön dunkel es hier auf einmal ist.
Wie schön es hier auf einmal ist, still und dunkel.

## AUTO UND BAUM

An einem
Deux Chevaux
Ecke Grüneburgweg/Reuterweg
las ich im
Vorübergehen
die Worte:
Leben
so einsam und frei
wie ein Baum
und so
brüderlich wie ein Wald. Sie waren
mit Filzstift
auf das Auto
geschrieben worden. Vermutlich
vom Besitzer.
Lange
    gingen
        mir
           diese
              Zeilen
                nach.
Erst Ecke Grüneburgweg/Eschers-
heimer Landstraße gelang es mir
                sie
            wie
          der
        ab
      zu
    schüt
teln.

## HERBSTLICHER BAUM
## IN DER NEUHAUSSSTRASSE

Wie sehr bemerkenswert ist doch
ein dunkler Baum, durch den ein Wind geht,
wenn dieser Wind schön mild ist und
der große Baum scharf gegens Licht steht,
doch so, daß er am andern Rand
sich ganz und gar vereint dem Glänzen.
So also, links vom Licht begrenzt
und rechts so lichterfüllt, daß Grenzen
im Leuchten einfach weg sind und
ein Seufzer kommt aus meinem Mund.

›PIZZERIA EUROPA‹

Abends aber sitzen Neger
im Lokal des Italieners,
sitzen da und wählen Speisen,
die so klingen, wie sie aussehn.

Große Neger, kleine Neger
halten sich an das, was da ist,
und was da ist, das sind Speisen,
die so aussehn, wie sie schmecken.

Schwarze Neger, helle Speisen,
volle Teller, die sich leeren,
aufgetischt von schnellen Kellnern,
die so reden, wie sie heißen.

Aber dann! Es geht ans Zahlen,
schwarze Hände, grüne Scheine.
Dunkelheit verschluckt die Gäste,
die so weggehn, wie sie kamen:

Fröhlich.

## STRAUSS SPRICHT AUF DEM RÖMER

Als ich dann zum Römer kam,
standen da 25 000 Mann,
die hörten sich den Franz Josef Strauß
und seine Wahlrede an.

Er sagte, er müsse Kanzler werden.
Weil: Unser Land sei in Gefahr.
Ich dachte, nun müßten alle sehen,
daß der wahnsinnig war.

Die da aber, die um ihn standen,
die lachten nicht über ihn.
Sie verdrehten ihre Augen gläubig gegen
die Sonne, die sie und den Platz beschien.

Sie hatten große Schilder bei sich,
darauf stand »Hessen grüßt den Kandidaten«.
Da sah ich: Die waren selber wahnsinnig,
die so etwas taten.

Der Wahnsinnige rief den Wahnsinnigen zu,
sie sollten ihn bitte wählen.
Da reckten sich ihm so viele Hände entgegen,
daß ich es aufgab, sie zu zählen.

Ich wandte mich ab und der Sonne zu
und ließ die Irren lärmen:
Als der Wahnsinnige sich feiern ließ,
ließ ich mich wärmen.

# III KLAGE

# DAS VIERZEHNTE JAHR
*Montaieser Elegie*

1

Gebe, o Gott! daß sie wenigstens lustig
wird, meine Klage. Wut, Zorn und Trauer
bringt ja heut jeder zum Ausdruck, dem 's Sterben
rings an die Nieren geht. Ob er nun Wald
besitzt, begeht oder betrachtet –
quer durch die Einkommensklassen sind alle
schon wütend und zornig und traurig. Und nun auch
noch ich? Da sei ach! Gott vor.


2

Hab ein Haus in der Toscana
    Der Glückliche! Hätten wir auch gern!
Hab es schon seit dreizehn Jahren
    So lange? Na, da gratulieren wir aber!
Hab in dieser Zeit erfahren
    Was denn? Jetzt wird's spannend!
Wie alles den Bach runtergeht
    Ach herrje! Doch wieder die alte Leier!


3

Ich versteh diese Bäume nicht.
Nehmense nur die Zypresse.
Ja, die so braun wird an der Seite.

Die hat es doch gut hier.
Landluft. Was willse denn noch?
Mir jedenfalls bekommt die Luft blendend.

Warnse in Rom?
Na, dann kennse ja den Verkehr dort.
Da stehnse wie ne Eins, die Dinger.
Irgendwie tückisch.

4
Schrecklich ist die Gewöhnung. Seit Jahren
komm ich an diesem zypressenumstandnen
Friedhof vorbei. Ich weiß noch: Vor Jahren
warn sie intakt, alle acht, und als es

Die erste traf, damals, sah ich's betroffen.
Und auch bei der zweiten, Jahre her mittlerweile,
und noch bei der dritten dachte ich: Mach was!
Hab dann natürlich nichts gemacht. Was denn?

Und heute? Ich seh die Zypressen am Friedhof
und freu mich: Vier von den acht gibt's ja immer noch,
prächtig. Gar nicht so schlecht. Doch hinter
Gaiole — alle hinüber. Schrecklich. Ganz schrecklich.

5
»Das Gelbe, was Sie da sehen,
sind die vertrockneten Kastanien.
Das Rosige, was Sie da sehen,
sind die befallenen Eichen.
Das Rote, was Sie da sehen,
sind die gestorbenen Tannen.
Das Braune, was Sie da sehen,
sind die erkrankten Zypressen.
Das Graue, was Sie da sehen,
sind die verbrannten Kiefern.
Das Schwarze, was Sie da sehen,
sind die erfrorenen Oliven – «
»Schön, so ein Häuschen im Grünen!«

6
Klar! Immer noch schön, die Toscana.
Das mit den Oliven war natürlich ein Hammer.
Zirka achtzehn Millionen in zwei Tagen verendet.
Aber immerhin durch natürliche Ursache.

Ja klar! Immer noch prima zum Reisen.
Morgens bei Gegenlicht zum Beispiel,
aus einem nicht zu langsamen Wagen,
wirkt die Landschaft noch fast so wie früher.
Aber klar doch! Verglichen mit der Gegend um Alfeld –
Ich beklag mich ja nicht, keineswegs. Ich beklage.
Wie man beklagt den Sprung in der Vase:
So alt und so schön und so lange gehalten,
und nun dieser Riß, der so vieles schon spaltet,
quer auch durch sie. Welch ein Jammer.

7
Ja, das ist hier Landschaftsschutzgebiet.
Ja, hier darf nichts Neues gebaut werden.
Ja, die Gesetze sind sehr streng hier.
Ja doch.

Nein, das da ist keine Garage.
Nein, das ist kein Swimming Pool.
Nein, das da ist keine Lagerhalle.
Nicht doch.

Ach, Sie meinen diese Renaissance-Garage!
Ach, Sie meinen diesen romanischen Swimming Pool!
Ach, Sie meinen diese etruskische Lagerhalle!
Ja die!

8
Du klagst, daß Frankfurt dir überall nachfolgt
Daß, wo du auch aussteigst, aus Auto, aus Flieger
Sie alle Spalier stehn, dich zu begrüßen
Die Bauherrn, die Bagger, die Banker, die Widersprüche?

Es gibt einen Ort, an dem bist du sicher
Wieviel Macht auch immer er hat, dein Verfolger
Wie schnell er auch ist, dorthin kann er nicht folgen
Weil er schon da ist. Bleibe in Frankfurt.

9
Die uns Bescheidung lehrten,
konnten nicht anders.
Brannte die Stadt, sagten sie:
Aber unser Haus steht noch.
Fiel das Haus in Trümmer, sagten sie:
Da ist ja noch der Keller.
Brach der Keller zusammen, sagten sie:
Gesund, so im Freien.
Die uns Bescheidung lehrten, sind entschuldigt.

Die uns Bescheidenheit predigen,
machen sich schuldig.
Die uns sagen: Tja, die Stadt ist im Arsch,
aber seht nur das Tor da!
(Wer ein Auge fürs Schöne hat,
entdeckt's auch im Verborgenen.)
Die uns sagen: Tja, der Wald ist im Eimer,
aber schaut nur die Blümchen!
(Wer ein Herz fürs Schöne hat,
sieht's auch im Kleinsten.)
Die uns fragen: Tja, das Schöne als Wert,
ganz schön elitär, wie?
(Wer Sinn fürs Schöne hat,
kann den ja zu Hause austoben – )
An die Wand mit ihnen,
und dann Rattattattat –
Aber halt! Aber ach. Wer so denkt, sind wir selber.

10
Erst stirbt der Wald, dann stirbt der Mensch? Glaub ich nicht dran.
Ist doch ein verdammt zähes Gemüse, der Mensch.
Hat die Eiszeit überlebt. Wo warnse denn da, die Bäume?
Da wird er ja wohl noch den Wald überleben, denk ich.
Das ist nicht der Punkt. Außerdem mach ich persönlich
sicher vor all diesen Wäldern die Grätsche, na fast allen.

Die Erde ist uns nur anvertraut für unsere Kinder? Hab
keine.
Und außerdem: Kinder gewöhnen sich an alles. Weiß man
doch.
Als ich ein Kind war, konnten wir noch auf der Straße
spielen.
Direkt vorm Haus. War toll. Dafür gab es kein Fernsehn.
Nein, nein: Ich klage nicht an im Namen der Menschheit,
der Kinder. Ich klage ein: *Ich* will's hier schön haben.

11
Wer die Schönheit angeschaut mit Augen,
ist dem Tode schon anheim gegeben?
Jedenfalls wird er fürs weitere Leben
schlecht zum Mieter der Nordweststadt taugen.

12
Zurück zur Natur?
Bitte sehr, bitte gleich.
Die Natur, na klar,
schön, die Natur.
Stirbt? Ach nein.
In die Jahre gekommen.
Eine immer noch schöne
Frau, die Natur.
Nur eben, na ja,
etwas indisponiert.

Wenn sie altern, die Stars, ist die Technik gefordert.
Was die Schminke nicht bringt, schafft der Beleuchter.
Auch hält man die Kamera nicht allzu dicht drauf
und achtet beim Bild auf Rahmung und Ausschnitt.

Zurück zur Natur.
Erstens: Abstand wahren.
Zweitens empfehl ich
verhangene Tage

Bei Abendlicht besser
nicht so scharf hinschaun.
Gut ist ein Fenster,
da es, drittens, beschneidet:
Ein Rücken des Stuhls –
und der Blick ist vollkommen.

Geht sie drauf, die Natur? Oder muß sie sich umstell'n?
Wahrscheinlich falsch, sie im Freien zu lassen.
In Büros und in Banken, da wuchert und grünt es
dermaßen prächtig – da kommt kein Wald mit.

13
Sah erst nur die großen Schatten
Glitten über den Zementplatz
Übers Buch auch einer, das ich
Grade las, es ging um Caesar.
Römer wußten sie zu deuten
Die Bewegungen der Vögel
Doch was hätten die Auguren
Wohl aus diesem Schwarm gelesen?
Möwen! Hier am Rand des Chianti!
Nie in all den dreizehn Jahren
Sah ich auch nur eine einzge
Und nun kreisten zwölf. Die Schatten
Fanden sich zu flüchtgen Mustern
Dann ein Schrei. Sie flogen weiter
Richtung Berge. Was zum Teufel
Trieb die meerverbundenen Vögel
In die Berge? Staunend sah ich
Ihnen nach. Doch in das Staunen
Mischte sich dies, schwer zu sagen
War es Grausen?

## 14

Wenn sich die Zeichen mehren,
geht was den Bach runter.
Wenn was den Bach runtergeht,
muß der Mensch sich bescheiden.
Dann darf er nichts weiter fordern
als das Vollkommene.
Nicht mehr als das, aber
bei Gott! auch nicht weniger.

# IV ICH

## REVISION IM SPIEGEL

Wenn ich meinen Hals betrachte,
fühl ich, wie ich mich verachte.

Wenn ich meinen Mund beschaue,
spür ich, daß ich mir vertraue.

Wenn ich meine Stirn besehe,
denk ich, daß ich mich verstehe,

Dann ein Blick aus meinen Augen –
und ich weiß, wieviel wir taugen.

## SIEBENMAL MEIN KÖRPER

Mein Körper ist ein schutzlos Ding,
wie gut, daß er mich hat.
Ich hülle ihn in Tuch und Garn
und mach ihn täglich satt.

Mein Körper hat es gut bei mir,
ich geb' ihm Brot und Wein.
Er kriegt von beidem nie genug,
und nachher muß er spein.

Mein Körper hält sich nicht an mich,
er tut, was ich nicht darf.
Ich wärme mich an Bild, Wort, Klang,
ihn machen Körper scharf.

Mein Körper macht nur, was er will,
macht Schmutz, Schweiß, Haar und Horn.
Ich wasche und beschneide ihn
von hinten und von vorn.

Mein Körper ist voll Unvernunft,
ist gierig, faul und geil.
Tagtäglich geht er mehr kaputt,
ich mach ihn wieder heil.

Mein Körper kennt nicht Maß noch Dank,
er tut mir manchmal weh.
Ich bring ihn trotzdem übern Berg
und fahr ihn an die See.

Mein Körper ist so unsozial.
Ich rede, er bleibt stumm.
Ich leb ein Leben lang für ihn.
Er bringt mich langsam um.

## NOCH EINMAL: MEIN KÖRPER

Mein Körper rät mir:
Ruh dich aus!
Ich sage: Mach ich,
altes Haus!

Denk aber: Ach, der
sieht's ja nicht!
Und schreibe heimlich
dies Gedicht.

Da sagt mein Körper:
Na, na, na!
Mein guter Freund,
was tun wir da?

Ach gar nichts! sag ich
aufgeschreckt,
und denk: Wie hat er
das entdeckt?

Die Frage scheint recht
schlicht zu sein,
doch ihre Schlichtheit
ist nur Schein.

Sie läßt mir seither
keine Ruh:
Wie weiß *mein* Körper
was *ich* tu?

## TISCHTUCHGEDICHT

Auf dem Tischtuch helle Kringel –
kommen die vom Sonnenlicht?
»Mann, sag's nicht!«

Nein, die sind vom weißen Wein,
denn den scheint die Lampe an.
»Laß es, Mann!«

Wacker wackeln die Reflexe,
sind so jesusmäßig hell.
»Mann, mach schnell!«

Gleißen freilich nicht mehr lange.
Da! Ich setz den Becher an –
»Endlich, Mann!«

## ICH STELLVERTRETER

Und wieder mal an jenem Punkt,
an dem du sagen mußt: Es reicht!
Wer jetzt nicht seine Schuld begleicht,
der sitzt zu Recht in dem Lokal.

Der Wirt knallt dir den Teller hin,
den Eintopf, den nur jener frißt,
dem gar nicht mehr zu helfen ist –
Nein danke Chef, ich gehe.

»Nur einen Löffel auf den Weg« –
Gut. Draußen ist es schwarz und kalt,
die Pampe mag da – aber halt!
Mehr kriege ich nicht runter.

»Und einen Löffel für Mama,
na komm schon, sei ein braver Sohn« –
So fängt das immer an und schon
haben sie dich wieder.

Ach, leck nur deinen Teller aus –
Ich lecke ihn? Wieso denn ich?
Ich tue das doch nur für dich!
Halt! Geh nicht! Hiergeblieben!

## BEIM ANBLICK DES FREGATTVOGELS

Den hat kein grübelnd Hirn ersonnen,
der ist aus Stoff und Sturm geronnen
zu reinem Flug.

Der ist der Inbegriff des Schwebens,
des Höher-, Schneller-, Weiterlebens,
und ich karieche.

## JAMMER

Da setzt ein großes Tier sich auf
die Knie deines Herzens
und sagt: Mein Freund, erhebe dich.
Mach ernst. Genug des Scherzens.

Sieh deines Herzens Knie an.
Mein lieber Freund, sie bluten.
Da hört der Spaß auf. Es wird
ernst. Das ist zuviel des Guten.

Da willst du deines Herzens Knie
vom Erdboden erheben.
Da ist das große Tier zu schwer.
So mußt du weiterleben.

## STERN UND UNSTERN

Ein ferner Stern im Blau der Nacht
hält über meinem Unstern Wacht.

Mein Unstern ist so ungeschickt
und machtlos, daß ihm gar nichts glückt.

Er sollte mir zwar Unstern sein,
fällt aber dauernd selber rein.

Er blinkt so plump und winkt so dumm,
kaum lockt er mich, schon kehr ich um.

Er aber prallt voll Unverstand
auf die mir zugedachte Wand.

Statt daß er mich ins Unheil führt,
bin ich es, den sein Unglück rührt.

Fast hätt ich meinen Unstern gern,
wär da nicht jener ferne Stern.

Der strahlt so hell und unbeirrt,
daß mir zuweilen bange wird

und ich mich frage: Was, wenn der
und gar nicht er mein Unstern wär?

## WEDER NOCH

Ach nein, ich kann kein Schächer sein,
da müßt' ich wilder, frecher sein,
wahrscheinlich auch viel böser;

und weil ich lau und feige bin,
nicht Bratsche und nicht Geige bin,
langt's nicht mal zum Erlöser.

V FREMDE

## NACHDEM ER DURCH ROM GEGANGEN WAR

Arm eng, arm schlecht
Arm grau, arm dicht
Reich weit, reich schön
Reich grün, reich licht.

Arm klein, arm schwach
Reich groß, reich stark
Arm heiß, arm Krach
Reich kühl, reich Park.

Arm Rauch, arm Schmutz,
Arm Müll, arm Schrott
Reich Ruhm, reich Glanz
Reich Kunst, reich Gott.

## ENDSTATION EINSICHT

Im Freak-Café,
da endet man,
wie man auf einer
Klippe landet.
Man fragt nicht lang,
krallt sich nur fest,
greift zu und trinkt.
Vom Lärm umbrandet
schaut man sich um
und hört schnell weg.
Was sich da
lumpenhaft gewandet
laut mitteilt,
weiß nicht, was es sagt.
Doch dort, wo solch
Gelall versandet,
in müdem Kopf,
wird Einsicht wach:
Bist nicht gerettet,
bist gestrandet.

## VIA GIUBBONARI, 19 UHR 30

Hier sind alle schiech,
nur ich nicht.
Sieh sie dir doch an!
Der Blick von dem da geht doch in die Irre.
Das Fleisch von der da wuchert doch ins Grause.
Und wie die schon angezogen sind,
sowas Verrücktes.
Schau sie dir an.
Alle wahnsinnig,
Frau wie Mann.

Hier sehn alle klar,
nur ich nicht.
Hör mir bloß nicht zu!
Dem da sein Blick will ganz einfach erwidert werden.
Der da ihr Fleisch hat es schlicht auf anderes Fleisch
                                                                         abgesehen.
Die ziehn sich so an,
damit es hier und heute stattfindet.
Schau ihnen zu.
Wir könnten da was lernen,
ich und du.

## EIN MERKWÜRDIGES MISSVERSTÄNDNIS IM PETERSDOM

Deutsches Dichter kommt nach Rom,
geht sich gleich in Petersdom.

Sieht dort einen Pietà,
macht sich deutsches Dichter: Ah!

Ist von Michelangelo,
macht sich deutsches Dichter: Oh!

Hört sich Papst das heimlich an,
denkt sich: Das ist kluges Mann!

Macht sich einen Räusperton,
sagt dann laut: Sehr wahr, mein Sohn.

Jesus Christus ist sich ja
Alpha sowie Omega.

Und ich bin sein Stellvertret,
was sich schon in Bibel steht.

Und was auch mein Nam beweist,
was bekanntlich Karol heißt.

Also bin ich A und O –
und wie heißen wir denn so?

Denkt sich Dichter sehr verwirrt:
Hat sich Papst ganz schön geirrt.

Ist sich aber braves Mann,
was man nicht enttäuschen kann.

Und so sagt er frank und frei,
daß er Willi Wurzel sei.

L'HEURE BLEUE
IM ANTICO CAFFÈ DELLA PACE

Mit der Zeit verschwimmen eh die
Blicke, die dir eh nicht gelten.
Blicke suchen eh die Nähe,
die dir gelten, sind eh selten.

Weitertrinken! Eh vergeblich,
jetzt noch Blicke festzumachen.
Was die sehn, ist eh zum Heulen,
und was du siehst, eh zum Lachen.

## NACHDEM ER IN DER TRATTORIA ›DA MAMMA PIA‹ GEGESSEN HATTE

Keine nimmt dich besser aus,
als die Mamma mit drei M,
meint: Die italienische.

Ein M steht für »Machen wir!«
und schon fängt sie an zu kochen,
meint: Was Italienisches.

Ein M steht für »Mundet es?«
und du radebrechst begeistert,
meint: Das Italienische.

Ein M steht für »Melken wir!«
und schon bringt sie dir die Rechnung,
meint: Die infernalische.

## ROMA AETERNA

Das Rom der Foren, Rom der Tempel
Das Rom der Kirchen, Rom der Villen
Das laute Rom und das der stillen
Entlegnen Plätze, wo der Stempel

Verblichner Macht noch an Palästen
Von altem Prunk erzählt und Schrecken
Indes aus moosbegrünten Becken
Des Wassers Spiegel allem Festen

Den Wandel vorhält. So viel Städte
In einer einzigen. Als hätte
Ein Gott sonst sehr verstreuten Glanz

Hierhergelenkt, um alles Scheinen
Zu steingewordnem Sein zu einen:
Rom hat viel alte Bausubstanz.

## DOPPELTE BEGEGNUNG
## AM STRAND VON SPERLONGA

Die Sonne stand schon tief.
Der Strand war weit und leer.
Schräg ging mein Schatten vor mir her,
indes der deine lief.

Du warst mir unbekannt.
Ihr nähertet euch schnell.
Dein Schatten dunkel und du hell,
so kamt ihr übern Strand.

Sehr schön und ziemlich nackt
liefst du an mir vorbei.
Da warn die Schatten nicht mehr zwei,
sie deckten sich exakt.

Wir sahn euch lange nach.
Ihr drehtet euch nicht um.
Ihr lieft, du und dein Schatten, stumm,
von uns sprach einer: Ach.

## EIN LUSTIGES MISSVERSTÄNDNIS
## IN DER HOSTARIA DA NELLA

Aus dem Lärm, in Fetzen, Sätze.
Aus den Sätzen, flüchtig, Worte.
Von den Worten eines deutlich:
Trippa, trippa, trippa, trippa.

Trippa! Wie das lockend trippelt!
Trippa? È il nostro piatto
tipico e più gradito,
questa trippa, trippa, trippa.

Einmal trippa! Bene! Trippelnd
geht die Wirtin. Aber humpelnd
kehrt sie wieder, in der Schüssel
Kutteln, Kutteln, Kutteln, Kutteln.

## DEUTSCHER IM AUSLAND

Ach nein, ich bin keiner von denen, die kreischend
das breite Gesäß in den Korbsessel donnern,
mit lautem Organ »Bringse birra« verlangen
und dann damit prahlen, wie hart doch die Mark sei.

Ach ja, ich bin einer von jenen, die leidend
verkniffenen Arschs am Prosecco-Kelch nippen,
stets in der Furcht, es könnt jemand denken:
Der da! Gehört nicht auch der da zu denen?

## SIBILLA

Sibilla, die nicht richtig hinsehen kann.
Ihre Augen, die ständig umherschweifen,
als müsse sie jeden Moment die Flucht ergreifen,
Sibilla, die man nicht richtig ansehen kann.

Sibilla, die nicht richtig zuhören kann.
Ihr Kopf, den sie ruckartig abwendet,
die einen Satz beginnt, den sie nicht beendet,
Sibilla, der man nicht richtig zuhören kann.

Sibilla, die nicht richtig gehen kann.
Ihre Füße, die sie gedankenlos setzt,
dann einen hochschnellt, als sei er verletzt,
Sibilla, mit der man nicht richtig gehen kann.

Sibilla, die nicht richtig essen kann.
Ihre Hände, die sich abdrehen und spreizen,
als würde sie ein plötzlicher Stromstoß reizen,
Sibilla, mit der man nicht essen gehen kann.

Sibilla, die richtig trinken kann.
Die hinsieht, zuhört, tänzelt und lacht,
zum Glas greift, redet und Männer anmacht,
Sibilla, die nicht so viel trinken sollte.

## PAARE IM ›MIZZI CLUB‹

1

Welch eine wunderschöne Frau
mit was für wundervollem Haar.
Die immer unerreichbar war,
sitzt strahlend neben mir, ich schau

Ganz fassungslos. Wie sie kokett
die Hände legt, die Augen hebt,
auf ihn, zu ihm, für den sie lebt,
den Mann im Neunzig-Mark-Jackett.

Und meines kostet gut achthundertfünfzig.


2

Der mit dem wehen Zug,
er dauert mich.
Sie redet auf ihn ein.
Er windet sich.
Wann hätte eine Frau jemals einen Mann verstanden?

Der mit dem wehen Zug
schaut immer weher.
Nun rückt er von ihr ab.
Sie rückt ihm näher:
Wann hätte eine Frau jemals ihre Grenzen erkannt?

Der mit dem wehen Zug
blickt nurmehr schmerzlich.
Da hält sie ein und weint.
Da lacht er herzlich:
Wann hätte eine Frau jemals begriffen, was Sache ist?

3

Zwei Frauen, dann ich,
dazwischen Leere –
wie schön, daß ich keine
von beiden begehre.

Die eine geht grade
zur Toilette,
die ist nicht begehrenswert,
nur eine nette.

Die andre tut so,
als ob sie was schriebe,
auch sie nicht begehrenswert,
nur eine liebe.

Wie nüchtern der männliche
Blick betrachtet.
Wie kommt's, daß kein weiblicher
ihn beachtet?

Wohl besoffen, die beiden!

## RIESLING

Als hätt ich mich je
nach was andrem gesehnt als
nach Sehnsucht

Zwar waren da manchmal
Menschen im Spiel, öfter
Himmel

Nein so: Diese Himmel
verlangten nach Menschen
zum Beispiel

Der Abendhimmel
vor Prato, und draußen
ist Juni

Und Lindenblüten
durchs offene Fenster
des Schnellzugs

Und der Schlafwagenkellner
bringt gleich einen eiskalten
Riesling

Und ein Rosa geht über
in Dunkles, als gäb's keine
Grenzen

Und der Bergkamm davor
ist nurmehr eine einzige
Lockung

Und das Zwielicht macht Lust
jetzt und gleich aus dem Fenster
zu springen

Und alles reißt mit
und zurück, und ich bin wieder
siebzehn

Und sehn mich nach Sehnsucht
und glaube, ich sehn mich
nach Menschen

Und mal ihn mir aus
diesen Menschen, er rückt immer
näher

Und da tritt er ein
und sein Eintritt sprengt sämtliche
Grenzen

Und nun faßt er zu
und sein Zugriff verdeckt jeden
Himmel

Doch dann bleibt er da. Da
beginnt er so schrecklich
zu schrumpfen

Und hinter ihm grenzenlos
wächst wie der Himmel
die Sehnsucht

Und der Schlafwagenkellner
klopft an und meldet:
Il Riesling.

## WEHEKLAG

Italiener sein, verflucht!
Ich hab es oft und oft versucht –
es geht nicht.

Bin doch zu deutsch, bin schlicht zu tief –
wen's auch schon zu den Müttern rief,
versteht mich.

Die Mütter sind so tief wie doof,
ich gäbe gerne Haus und Hof
fürs Flachsein.

Hab weder Hof, hab weder Haus,
muß untergehn mit Faust und Maus
und Ach! schrein.

# VI SPIEL

## OSTERBALLADE

»Mimi Ostergeier suchen!«
Lächelnd hört's der stolze Vater,
innig schmunzelnd sieht's die Mutter,
wie ihr Töchterchen, die Marlis,
flehentlich zu ihnen hochschaut:
»Mimi Ostergeier suchen!«

»Marlis, es heißt Ostereier!«
Angestrengt blickt Marlis aufwärts,
doch nicht lange. Sonnig strahlend
beugt sie sich der Elternweisheit,
plappert nach, was sie gehört hat:
»Mimi! Es heiß Ostergeier!«

»Such nur deine Ostergeier!«
Schallend lacht der Vater, während
Mutter auf den nahen Waldrand
deutet, dorthin, wo seit langem
Köstliches sie wohl versteckt weiß:
»Marlis, da sind Ostereier.«

»Ostergeier! Diese Marlis!«
Voller Freude warten beide,
Vater sowie Mutter, auf die
frohen Juchzer ihrer Tochter –
ah! Da kommt auch schon der erste:
»Mimi Ostergeier funden!«

»Mami, Ostergeier böse!«
Voller Schrecken eilen beide,
Mutter sowie Vater, zu dem
Waldrand, draus die Schreie dringen,
inständig und herzzerreißend:
»Ostergeier Mimi fangen!«

»Untier, laß mir meine Marlis!«
Hoch ins Blaue reckt der Vater
noch die Hände, da die Mutter
schon erbleichend ahnt, daß keine
Macht der Welt sie je zurückholt,
Mimi und den Ostergeier.

## BALIN, BALIN

Ma wieda durch Balin jegangen,
die Luft jeschnuppert, Atmosphäre einjefangen –
Balin!
Du – deine Hände sind abjearbeitet und blau
wie bei eina – na! ich meine die Dingsda, die Frau,
die wo immer die Kinda jebären tut – na!
die Mutta!
Balin!
Einst jingste im Pelz.
Nu hatta Löcha im Futta.
Loch reiht sich an Loch –
und doch!
Und doch schleppste dia imma noch munta fort
von Balin Süd bis Balin Nord,
vom Kuhdamm bis zu'n Linden –
Balin!
Wenn et dia nich jäbe,
man müßte dia erfinden.
Wenn de nich schon erfunden wärst –
et müßte dia jeben.
Balin!
Muß ick ooch fern von dia leben,
mein Herz wohnt imma noch in –
Dortmund? Nee!
Duisburch? Nee bewahre!
Mannheim? Da doch nich!
Köln, Bonn, Kiel, Hamm, Hof, Graz, Wien?
Ach wat! Mein Herz wohnt imma noch in
Dusseldorf.

## »SIE NANNTEN IHN WALTER STORCHI«
*Eine Western-Trilogie*

I

Showdown-Time in Tombstone-City,
Walter Storchi steht im Schatten.

Quietschend öffnet sich das Hoftor,
Walter Storchis Hand fährt aufwärts.

Licht schraffiert sein Gegenüber,
Walter Storchis Finger spannt sich.

Lippen klaffen, bartumstoppelt:
»Walter, komm sofort nach Hause!«

Kreischend dreht sich träg das Windrad,
Storchis Hand erscheint im Lichtfeld.

Hand greift Hand, da schreit es gellend:
»Na, wo bleibt ihr denn, ihr beiden?«

Showdown-Time. High Noon. Das Licht gleißt.
Und bei Storchis gibt es Hammel.

II

Wer tritt die Tür zur Ox-Bar ein?
Das kann nur Walter Storchi sein.

Wer zieht blitzschnell den Colt heraus?
Das sieht verdammt nach Storchi aus.

Wer ruft: »Heb deine Flossen, Mann!«?
Das hört sich sehr nach Storchi an.

Wer hat dann keine Munition?
Na wer denn wohl! Na, wer wohl schon?

III

Seinen allerletzten Fight
kämpfte er zur Kaffezeit.

Walter Storchis letzte Bitte:
»Stell dich endlich, Käseschnitte!«

Walter Storchis letzte Worte:
»Wehr dich, feige Sachertorte!«

Walter Storchis letzter Satz:
»Mary, wein nicht, wenn ich platz!«

Walter Storchis Grabinschrift:
»Daß es stets die Dicksten trifft!«

## DUETT IM BETT

S<small>IE</small>:
Worte,
Worte,
nichts als
Worte.

E<small>R</small>:
Wenn das Worte
waren, die wir
zwischen diesen
Laken tauschten,
frag ich mich denn
doch, mein Liebling:
Was verstehst du
unter Taten?

S<small>IE</small>:
Laken, Liebling, Taten –
Worte, nichts als Worte!

E<small>R</small>:
Lauter Worte, zugegeben,
Worte aber, denen Taten
deshalb nicht zu folgen haben,
da sie selber Taten folgen,
diese dergestalt verlängernd,
daß die Süße unsrer Taten
aufbewahrt in schönem Wort bleibt,
bis ans Ende unserer Tage.

S<small>IE</small>:
Sag mal ehrlich: Bist du noch zu retten?
Redest hier vom Ende unsrer Tage,
dabei hat die erste unsrer Nächte
kaum begonnen, Schatzi, also rühr dich!

Er:
Grade wollte ich die Weichheit
deines warmen Leibs besingen,
wollte dich in höchsten Tönen
als der Weiber schönstes preisen,
wußte schon die unerhörten
Bilder, die dich feiern sollten,
da zerstörst du deinen Nachruhm
mit dem schnöden Satze: Rühr dich.

Sie:
Weichheit, Bilder, Nachruhm –
Worte, nichts als Worte!

Er:
Weißt du andres
nicht zu sagen
als dein Worte,
nichts als Worte?
Dann sag ich dir:
Hüte deine
Zunge, Liebling,
sonst passiert was.

Sie:
Worte,
Worte,
nichts – na
endlich!

# VII KUNST

# WARUM DAS ALLES?

Respekt, Bewunderung und Liebe –
sie soll mein Dichten mir erringen:

Respekt für meinen Rigorismus,
von niemandem als mir zu singen,

Bewunderung für meine Kühnheit,
mein Thema direkt anzuspringen,

und Liebe dafür, daß mir Verse
so leicht und inspiriert gelingen,

daß jeder staunt: Der bringt es aber!
Und wie er's schafft, sich einzubringen!

## ER NUN WIEDER

Dann wieder hört man,
der Brecht, der habe
zwar viel ge---,
aber nicht gut.
Sei doch ein reichlich
einfallsloser
Hacker gewesen,
Typ Hahn,
so rasch runter
wie rauf.

Aber diese ganzen Frauen dann?
Alle so schön und so
klug und so
viele?
Immer gleich drei auf einmal. Während
er es der
dritten
noch besorgte, da tippte die
zweite
die Handschriften schon
des Tages, Gedichte,
die dann die
erste
jubelndem Saal sogleich
vortrug, in welchem
schon warteten die
vierte, die
fünfte, die
sechste, so
liest man es doch
dauernd.

Dann wieder hört man —
Wo ist da nun Wahrheit?
Ich meine, das muß sich
doch feststellen lassen!
Man hat doch ein Recht
darauf zu erfahren,
womit und wodurch
und weshalb ihm die Frauen
derart. Man soll doch
von den Klassikern lernen!

## AUCH EINE ÄSTHETIK

Gefragt, was er eigentlich wolle, sagte er:

Will nicht das Theater erneuern.
Habe dergleichen auch niemals erwogen.
Weiß nämlich gar nichts vom alten Theater.
Kann also gar kein Theater erneuern.

Will nicht die Prosa revolutionieren.
Achte doch sonst auch auf Vorschrift und Regel.
Halte bei Rot und fahre bei Grün an.
Gebe Gas und bremse genauso beim Schreiben.

Will nicht das Gedicht vorwärtsbringen.
Denke immer, es sollte *mir* weiterhelfen.
Frage mich, wo vorn und hinten ist bei Gedichten.
Weiß nur, daß sie Anfang und Ende haben.

Will nicht die Grenzen der Kunst erweitern.
Habe eher Angst, mich in ihr zu verlieren.
Fühlte in kleinerer Kunst mich viel wohler.
Stapf dennoch pfeifend querbeet durch die große.

So macht er sich Mut.

## KUNST UND LEBEN

Es gibt in Leben wie in Kunst
nur Schrott und allererste Sahne.
Zum Beispiel Markus. Der ist Schrott.
Doch Pablo: Allererste Sahne.

Oder die Karin: Eitel Schrott.
Die Marlen: Allererste Sahne.
Der Johann Wolfgang dito. Aber
der Max? Der ist doch sahnemäßig

nicht allererster, folglich Schrott.
So, wie die Gabi nicht, der Günter
nicht alleraller-, ergo Schrott.
Schrott auch der Piet. Dagegen Pieter

die allerallererste. Aber
der Peter erst. Sowas von Schrott,
nein Sahne, nein, nicht Sahne, sondern
nein, nein, nicht Schrott, doch auch nicht Sahne

nein, zwischen Schrott und Sahne irgend-
wo angesiedelt, dort, wo's grau wird
und Grenzen träge fließen, bis sie
zu einer Soße alles mengen:

In unsrer Welt aus Sott und Schrahne.

## KEINE KUNST OHNE KÜNSTLER

Zum Beispiel Bilder:

So eine Zeichnung, die
kommt doch nicht von ungefähr!
Da schaut erst jemand hin,
und dann zeichnet er.

Oder Prosa:

So ein Roman, der
fällt doch nicht vom Himmel, Mann!
Da nimmt sich jemand Zeit,
und dann schreibt er dran.

Oder Lieder:

So ein Lied, das
wächst doch nicht von ganz allein!
Da denkt erst jemand nach,
und dann fällt's ihm ein.

Oder Lyrik:

So ein Gedicht, das
schreibt sich doch nicht selber hin!
Da formt jemand das Wort,
und das macht dann Sinn.

Oder Unsinn.

## ODE AN JAMES DEAN

Nein, Jimmy, wir werden dich nie vergessen.
Ja, Jimmy, du lebst in deinen Filmen weiter:
Wie du lächeltest, als Robert Mitchum, der Säufer,
wieder einen Revolver halten konnte.
Wie du auf die Desperados zugingst,
während Grace Kelly vom Fenster aus zuschaute.
Wie du die – Was Jimmy? –
die Claudia Cardinale – Wie Jimmy? –
hochhobst und – Ja, Jimmy?
Ach, das alles warst gar nicht du, Jimmy?
Nein, Jimmy? Ja, Jimmy –
wenn das so ist:
Das, Jimmy, werden wir dir nie vergessen!

## MUSIKALISCHES OPFER

Musik! Du bist Musik für mich
Und nicht zu überhören
Dein Tatata und Bumdibum
Und all die andern Noten.

Musik! Du hast Musik im Blut
und Rhythmus in den Gliedern
Und Takt im Leib und Beat im Bauch
Und immer so harmonisch.

Musik! Dein Name ist Musik
Ist Allerorts, ist Ständig
Ist Folter, Fessel, Strick und Strang
Und meiner lautet: Opfer.

## DEUTSCHER AUFSATZ

»Geld macht nicht glücklich, doch Armut macht weise« –
Stimmt dieser Spruch? Wie ist er begründbar?
Lüge das Blaue vom Himmel herunter.
Betrachte es gut. Beschreibe die Farbe.

Ein Fußballspieler verdient im Monat
mehr als der Papst – Ist dies zu vertreten?
Nenne die Mannschaft, in welcher der Papst spielt.
Wäg ihre Stärken und Schwächen ab.

Pflicht oder Neigung – wem soll der Mensch folgen?
Geh von persönlichen Beispielen aus.
Fülle nicht mehr als zweihundert Seiten
und nicht unter zehn. Zehn Seiten sind Pflicht.

## DREI BUCHMESSENVIERZEILER

Bitte, Künstler, bilde nicht
und verzicht auf dein Gedicht.
Wort ist Wind, und gar kein Hauch
tut es in der Regel auch.

*

Nein, was muß man oft von bösen
Künstlern hören oder lesen!
Ja, da lob ich mir die guten,
die uns all dies nicht zumuten.

*

Das zu Sagende zu sagen
ist dem Künstler aufgetragen.
Wahre Größe freilich zeigen
jene, die selbst dies ver

## AN ALLE ARTHURS DIESER WELT

Ja, was haben wir denn hier?
Nichts als nur ein Stück Papier.

Ja, was schreiben wir denn drauf?
Arthur, bist durchschaut, gib auf!

Ja, was tut der Arthur da?
Er gibt auf, der liest dies ja.

Ja, was lehrt uns dies Gedicht?
Unterschätzt Gedichte nicht!

Zumal dann nicht, wenn ihr Arthur
heißt, ihr Hundesöhne ...

# NACHT DER DEUTSCHEN DICHTER
*Thema mit Variationen*

### THEMA

Stille Nacht, heilige Nacht,
alles wacht,
Einar Schleef.

### VARIATIONEN

Stille Nacht, strahlende Nacht,
alles trinkt,
Sarah Kirsch.

Stille Nacht, bildende Nacht,
alles liest,
Hermann Kant.

Stille Nacht, schwelgende Nacht,
alles ißt,
Ulla Hahn.

Stille Nacht, lockende Nacht,
alles küßt,
Erich Loest.

Stille Nacht, endende Nacht,
alles geht,
Stefan Heym.

# DER KÜNSTLER IM GESPRÄCH

Wie findest du denn, was ich mache?
Gut, das ist meine Sache.
Doch wie findest du, was ich tue?
So. Du willst deine Ruhe.
Und wie findest du, was ich schreibe?
Nein, bitte geh nicht, bleibe!
Wie findest du denn, was ich male?
Nein, sag nichts! Schweig, ich zahle
dir noch ein Bier. Doch zur Sache:
Wie findest du denn, was ich mache?

## LEIDEN UND LEBEN UND
## LESEN UND SCHREIBEN

Ich will alles sagen dürfen,
Wort aus jeder Wunde schürfen:

Scheiß der Hund drauf, das Gelingen
läßt sich einfach nicht besingen.

Wer will vom Gelingen lesen?
Höchstens reichlich flache Wesen.

Lieber sprech ich doch zu jenen,
die sich nach was Tiefem sehnen.

Die, wenn die Geschäfte laufen,
gerne etwas Schicksal kaufen.

Seiten voller Schmerz und Wunden
adeln allzu satte Stunden.

Verse voller Pein und Leiden
nützen letzten Endes beiden:

Die da bluten, die da blättern,
beide sehnen sich nach Rettern.

Deshalb muß es beide geben,
die da leiden, die da leben.

Die da lesen, soll man rühren,
weiter sowie höher führen.

Und die andern, wir, die schreiben,
sollten auf dem Teppich bleiben.

# VIII SCHICKSAL

## ECKLOKAL MIT VERLIERER

Verlierer, komm mir nicht zu nah!
Doch der Verlierer denkt nicht dran
Der hebt sein Glas, macht Frauen an
Und ist für diese Fraun nicht da

Wie er auch feixt und Stühle rückt
Die Frauen setzen sich nicht drauf
Er lärmt und lacht und gibt nicht auf
Und weiß schon, daß ihm gar nichts glückt

Da ihm noch niemals was gelang
Da er noch stets der Dumme war
Der, den noch jede Frau, sogar
Die letzte, in die Knie zwang

So wieder jetzt. Was sucht er hier?
Nun ist's nicht ratsam aufzuschaun
Schon irrt sein Blick ab von den Fraun
Schon hat er jemand im Visier

Schon schwallt er was von einem Schwatz
Den müßt er haben dann und wann
So richtig stark, von Mann zu Mann ...
Verlierer, komm. Hier ist noch Platz.

## DER SPIELER

Und das Rollen dieser Würfel
und das Lachen, das die Würfe
immer dann beschließt, wenn jene
nicht mehr rollen, sondern liegen,
lautes Lachen und die Worte:
»Sechsundachtzig, ist doch Scheiße!«
Ist es auch. Gott! Sechsundachtzig!
Ist doch Scheiße, Herr im Himmel!
Und verlegen rückt der Würfler,
tischgeschützt, an seinem Pimmel.

## DER (UN)BEUGSAME

Den beugt keine Macht der Welt.
(Außer Geld):

Päpste, Kaiser, Diktatoren
haben bei ihm nichts verloren.
Kritiker und Kurtisanen
läßt er ihre Grenzen ahnen.
Alte Bräuche, gute Sitten –
nie beachtet, stets geschnitten.
(Aber zeigt wer eine Mark,
schwankt er stark.
Reicht man zudem einen Schein,
lenkt er ein.
Schickt man gar noch einen Scheck,
ist er weg.)

## DER EISERNE

Nichts kann mir den Glauben
an meine Botschaft rauben.

Eine Botschaft, die besagt,
daß es heller wird, wenn's tagt.

Die zudem darauf besteht,
daß das Leben weitergeht.

Die ganz nachdrücklich erklärt,
daß nur immer ewig währt,

Und entschieden unterstreicht,
daß es irgendwann mal reicht.

Die sowohl den Punkt enthält,
daß kein Meis vom Himmel fällt,

Als auch jenen: und ein ter
tut das noch weit weniger.

Die sodann zu guter Letzt —
Was? Das sagen Sie erst jetzt?

Daß das alles Phrasen sind?
Aber immer! Menschenskind!

Phrasen von der schlimmsten Art!
Aber wenn schon! Ich bleib hart!

Und beweise so der Welt,
was ich eingangs festgestellt:

*Nichts* kann mir den Glauben
an meine Botschaft rauben.

## DER ZÄHE

Wo du auch hingehst –
Ich bin schon da.

Wie weit du auch wegläufst –
Ich bin dir nah.

Wo du auch reinfällst –
Ich hol dich raus.

Nenn du mich nur Ratte –
Ich nenn dich Maus.

## DER HARTE

Tja, mein Schatz, das war es dann
(Das kann es doch nicht gewesen sein,
bitte widersprich mir)
Lach dir einen andern an
(Wenn du jetzt aus dem Zimmer gehst,
falle ich tot um)
Ich bin doch kein Hampelmann
(Natürlich bin ich einer. Zieh an mir,
und ich tu, was du willst)
Den man so behandeln kann
(Wie schlecht du mich immer behandelt hast,
ich vertrage noch viel, viel mehr)

Geh nur, Liebling, du bist frei
(Bist du überhaupt nicht,
solange noch meine Liebe mich an dich kettet)
Trennung heißt: Aus eins mach zwei
(Wer spricht hier von Trennung? Ja,
bin ich denn völlig wahnsinnig geworden?)
Schmerzt es, Baby? Einerlei
(Wenn du die Türklinke auch nur berührst,
dann schreie ich)
Jeder Schmerz geht mal vorbei
(Aaaaaaaauuuuuuuohohohohohoh)

# DER DEUTSCHE

Als er auf die Fünfzig zuging,
da wollte er verwegen aussehn.
Da ließ er sich die Haare wachsen
und einen Bart stehn.

Da fiel ihm der Deutsche ein,
damals in Patras,
der mit der Kleinen
vor diesem Café saß.

Der war so gegen Fünfzig gewesen
und hatte sehr verwegen ausgeschaut,
und die Kleine an seiner Seite
war nicht die Tochter, sondern die Braut.

Das war vor gut zwanzig Jahren.
Er war damals dreißig.
Und was er beim Anblick der beiden dachte,
weiß ich:

So will ich mal nicht ausschaun.
Nicht diese Kettchen.
Nicht dieses Struwwelhaar und
an der Seite nicht so ein Frettchen.

Nicht dieser sieghafte Bart.
Nicht dieses Vergreisen,
das wehrlos alternd versucht,
sein Jungbleiben zu beweisen.

Nun, da er auf die Fünfzig zugeht,
will er verwegen aussehen.
Er läßt sich die Haare wachsen
und einen Bart stehen.

## DER WANDERER

Viel hätte nicht gefehlt,
er hätte aufgeschrien.
Da lag das Meer vor ihm,
auf das die Sonne schien.
Und fliegende Fische!

So lange unterwegs,
daß er zu träumen meint.
Da liegt das Meer vor ihm,
und eine Sonne scheint
auf fliegende Fische.

Zu schön, um wahr zu sein,
er hat rasch kehrtgemacht.
Als er dann innehielt,
war Berg um ihn und Nacht.
Und heulende Hunde.

# DER DOPPELGÄNGER

Auf geht die Tür,
und er tritt ein:
Nicht Fisch, nicht Fleisch,
nicht Mensch, nicht Schwein.

Stumm setzt er sich
an deinen Tisch:
Sehr Schwein, sehr Mensch,
sehr Fleisch, sehr Fisch.

Breit sitzt er da
und lächelt mild:
Kein Vor-, kein Zerr-,
dein Ebenbild.

## ALLE ODER NICHTS

Der da! Wie ist er so allein!
Da kommen sieben Frauen rein,
ihn herzlich zu begrüßen.
Zwei reiben ihm die Wangen warm,
zwei lagern sich in seinen Arm
und zwei zu seinen Füßen.
Die siebte aber! Ach! Sie schweigt!
Nicht ab-, doch auch nicht zugeneigt
bestellt sie einen Wein:
Der da! Wie fühlt er sich allein!

## GEMACHTER MANN

Mit langen Schritten über große Terrassen gehen,
über solche, die einem gehören natürlich,
das ist ein Gefühl, meine Liebe,
unübertroffen.

Sagen Sie nichts. Entziehen Sie nicht Ihre Hände.
Lassen Sie sie verschränkt in den meinen.
Diesen Moment, meine Schöne,
ersehnte ich lange.

Gehn wir ins Haus? Nun wird es doch merklich kühler.
Zeit fürn Kamin und ein Schlückchen. Da lang.
Quer über jene Terrasse,
übrigens meine.

## SCHÖN, SCHÖNER, AM SCHÖNSTEN

Schön ist es,
Champagner bis zum Anschlag zu trinken
und dabei den süßen Mädels zuzuwinken:
Das ist schön.

Schöner ist es,
andere Menschen davor zu bewahren,
allzusehr auf weltliche Werte abzufahren:
Das ist schöner.

Noch schöner ist es,
speziell der Jugend aller Rassen
eine Ahnung von geistigen Gütern zukommen zu lassen:
Das ist noch schöner.

Am schönsten ist es,
mit so geretteten süßen Geschöpfen
einige gute Flaschen Schampus zu köpfen:
Das ist am allerschönsten.

# IX SINN

## NACHDEM ER DURCH METZINGEN GEGANGEN WAR

Dich will ich loben: Häßliches,
du hast so was Verläßliches.

Das Schöne schwindet, scheidet, flieht –
fast tut es weh, wenn man es sieht.

Wer Schönes anschaut, spürt die Zeit,
und Zeit meint stets: Bald ist's soweit.

Das Schöne gibt uns Grund zur Trauer.
Das Häßliche erfreut durch Dauer.

# KATZENGEDICHTE

1

Von einer Katze lernen
heißt siegen lernen.
Wobei siegen »locker durchkommen« meint,
also praktisch: liegen lernen.

Sie sind ein sieghaftes Geschlecht,
diese Katzen.
Es gibt ihrer so viele wie Spatzen im Land.
Doch wer streichelt schon Spatzen?

Sie ist gar kein rätselhaftes Tier,
so eine Katze.
Sie will viel Fraß, etwas Liebe, doch meist
horcht sie an der Matratze.

Was eine einzige Katze uns lehrt,
lehren uns alle:
So viel wie möglich nehmen, ohne zu geben,
und dann ab in die Falle.


2

Mit einer Katze leben,
heißt die Katze überleben.
Jedenfalls dann, wenn man noch mitten im Leben steht.
Eine Katze steht schneller daneben.

Wie alt wird so eine Katze?
Maximal zwanzig Jahre.
Viele streckt's aber auch schon früher hin
auf die, sagen wir ruhig: Bahre.

Die ist dann vielleicht dein Schreibtisch.
Darauf kriegt sie ihre Injektion.
Sie seicht dir noch rasch die Tischplatte voll,
und das war's dann auch schon.

Eine Katze haben,
heißt eine Katze verlieren.
Andere mögen von Menschen reden,
ich rede von Tieren.

## MERKSÄTZE TROTZIG

Wenn man irgendwas lange genug macht,
dann wird man es irgendwann auch gut machen.
Ein Satz, der zwar hinten und vorne nicht stimmt,
doch er taugt zum Mutmachen.

Wenn man an etwas fest genug glaubt,
dann wird es sich eines Tages auch bewahrheiten.
Klar: Dieser Satz ist leeres Stroh.
Aber: Zum Teufel mit den Klarheiten.

Wenn man jemanden nur stark genug liebt,
dann wird er einen auch einmal liebhaben.
Ein Satz, der so wahr wie sonstwas ist,
und wer ihn nicht glaubt, kann mich gernhaben.

## FRÖHLICHE VÖGEL

Sagt an, wer hat euch das gelehrt?
Das was?
Na das, das Lieben.
Ach das – ja, das ergab sich so,
als wir es gerade trieben.

Und sagt, wer hat euch das gelehrt?
Was das?
Na das, das Lachen.
Das? Ach, das kommt doch ganz von selbst
beim Naduweißtschonmachen.

Sagt schließlich, wer euch das gelehrt!
Das das?
Nein das, das Trauern.
Das Wasda? Sorry, nie gehört.
Nein ehrlich – wir bedauern.

## MAN OH MAN

Man ist nur so jung
wie man sich fühlt.

Man denkt nur so tief
wie man sich wühlt.

Man kriegt nur so viel
wie man sich gibt.

Man lebt nur so lang
wie man sich liebt.

# SINNGEDICHT

Sei gut zu dir.
Die Welt ist schlecht.
Das Unrecht blüht,
nimm dir das Recht
und tu den Schritt
zum Ich vom Wir:
Die Welt ist schlecht.
Sei gut zu dir.

# RATSCHLAG

Neun Männer treten bei dir ein,
drei groß, drei mittel und drei klein.

Die großen drei, die schlagen dich,
verspotten dich, verklagen dich.

Die mittleren, die pflegen dich,
umsorgen dich, umhegen dich.

Die kleinen drei verehren dich,
vergöttern dich, begehren dich.

Wirf alle neun aus deinem Haus,
sonst weinst du dir die Augen aus.

## KATZ UND MAUS

Die Katze spricht: Ich bin nicht so,
wie alle Welt vermutet.
Ich töte Mäuse, ja, jedoch
mit einem Herz, das blutet.
Mit einem Herz, das zuckt und schreckt,
mit einem Herz, das leidet –
Mit meinem Herz? Nein, dem der Maus!
Denn wenn uns etwas scheidet,
die Maus und mich, dann ist es das:
Ich bin der Fresser. Sie ist Fraß.

## VON WAND ZU WAND

Weicht auch die Wand zurück,
die Mauer bleibt.
Ist hinter jeder Wand,
und es gibt keine Hand,
die sie vertreibt.

Nur manchmal teilt sie sich
für einen Blick.
Steht da ein blankes Schild,
wirft dir dein Spiegelbild
samt Blick zurück.

## FINGER WEG

Nun soll man ja nicht fragen:
Mein Gott, wer bist dann du?

»Ich bin das gänzlich Andere,
das wortentrückt Besandere,
stand stets und steh auch hier und jetzt
hoch über Sprach- und Reimgesetz,
so durch und durch besonders:
Noch anders bin ich onders.«

Nein, man soll ja nicht fragen ...

## HINTER DER KURVE

Was hinter jener Kurve ist –
Ich weiß es nicht.
Du weißt es nicht.
Es rauszufinden ist die Pflicht,
Die uns das Schicksal zugemißt.

Nein: zugemußt. Nein: zugemaßt.
Ich weiß es nicht.
Weißt du es denn?
Die Last des Zugemessenen
Hat mir mein bißchen Hirn zerpraßt.

Zerpraßt? Zerprißt? Zerproßt? Zerpreßt?
Was weiß denn ich?
Was weißt denn du?
Wir schreiten auf die Kurve zu,
Und jeder Schritt zerbricht uns fest.

Fest? Fist? Fust? Fost? Fast? Aber halt!
Ich weiß das Wort.
Du weißt das Wort.
Mich hält hier nichts, und du mußt fort.
Nun denn! Auf geht's! Schon wird es kalt.

# SCHÖPFER UND GESCHÖPFE

Am siebenten Tage aber legte Gott die Hände
in den Schoß und sprach:

Ich hab vielleicht was durchgemacht,
ich hab den Mensch, den Lurch gemacht,
sind beide schwer mißraten.

Ich hab den Storch, den Hecht gemacht,
hab sie mehr schlecht als recht gemacht,
man sollte sie gleich braten.

Ich hab die Nacht, das Licht gemacht,
hab beide schlicht um schlicht gemacht,
mehr konnte ich nicht geben.

Ich hab das All, das Nichts gemacht,
ich fürchte, es hat nichts gebracht.
Na ja. Man wird's erleben.

# X LEHRE

# SPASSMACHER UND ERNSTMACHER

I

Seht: Alles Ernste ist alt. Die Bücher
Welche da reden von Gott und dem Anfang
Sind alt. Und das Alter des Ernstseins
Adelt auch den, der noch heute uns ernst kommt.

Aber der Spaßmacher! Hört wie die Menge
Ihm noch den trefflichsten Witz mit den Worten
»Der ist ja alt« verwandelt in Asche,
Gestrigen Schnee und dauernde Schande.

II

Wenn um die Wiege sich sammeln des Winzigen
Die Ernsten, und wenn er sie ankräht, ja dann
Lachen auch sie. Doch welch seltsames Lachen
Wird ihm zuteil da! Voll Milde, voll Tücke.

Mild belächeln die Ernsten des Lustigen
Schuldlose Lust: Lach nur so weiter!
Tückisch verlachen sie ihn: Na warte!
Noch bist du nicht wie wir, doch du wirst so.

III

Nicht wird er froh seines Lebens, der Spaßmacher.
Immer ist unter jenen, die lachen,
Der, welcher nicht lacht. Versteinerter Miene
Folgt er den Späßen des Spaßenden. Immer

Dauert er ihn. Doch es dauert nicht lange,
Und er bedauert sein Los, lachen
Zu machen die Menge, in welcher doch immer
Einer nicht lacht: Sein Opfer, sein Richter.

IV

Hart ist das Ernstsein. Denn eiserne Knochen
Krankheit und Tod und ach! Leiden der Seele
Geben Gewicht ihm und Stütze. Nimmer
Kann selbst der bissigste Witz diesen Brocken,

Starrend von Blut, von Schweiß und von Tränen
Prall bis zum Bersten, voll Schmerz, voller Grausen,
Verschlingen. Noch kann er ihn – wie denn? – verdauen.
Kann also nichts? Nun: Er kann ihn verarschen.

V

Ach, daß man nicht ihn nennte, den Spaßenden,
Leichtfertig! Leicht nicht ist es, den Witz zu
Erhaschen. Flüchtig ist er und flink und verschlagen:
Fertig macht der Gejagte den Jäger.

Aber der Andre! Schwerfällig stapft er
Gemessenen Schritts durch den Garten des Lebens.
Leicht jedoch fällt ihm der Griff nach dem Ernsten:
Pralle Frucht vom Baum der Erkenntnis.

VI

Groß sind die Ernsten. Auf hohen Kothurnen
Schreiten sie streng. Doch es ehrt sie die Menschheit,
Weil sie so streng sind. Nur ernstestes Schreiten
Leitet den Menschen zum höchsten der Ziele,

Zum Sinn. Rattenhaft aber folgen die Spaßer
Und hurtig dem Zug, denn sie wittern begierig
Das, was seit alters bei jeglicher Suche
Nach Sinn für sie abfällt: Den Unsinn.

VII

Denkt jenes Reiters! Von Scholle zu Scholle
Trug ihn sein Pferd, doch es ward ihm am Ufer
Nicht Rettung beschieden, Erkennen und Tod nur.
So auch der Witzbold. Es dulden die Witze

Rast nicht noch Ruh. He! Weiter und weiter!
Kennen Sie den? Und da fällt mir noch der ein!
So geht's in die Irre. Heimwärts aber,
Auf festester Straße, ziehet der Ernstbold.

VIII

Wenn der Dichter uns fragt: Immer spielt ihr und scherzt?
Und er fortfährt: Ihr *müßt*! O Freunde! Mir geht dies
In die Seele, denn dies – und so schließt er gewaltig:
Müssen Verzweifelte nur. – Wer wollte

Da widersprechen? Die Frage gar gegen
Den Fragenden richten: Du, der du niemals
Scherztest noch spieltest – warst *du* denn je glücklich? – ?
Die Verzweiflung ist groß. Sie hat Platz für uns alle.

IX

Lachen ist Lust, jede Lust aber endet.
Auch so ein Satz, der das Nicken der Köpfe
Hervorruft der Ernsten, welche das Leben
Ja kennen. Was aber wissen die Ernsten

Vom Leben? Wissen doch nur, daß ihr Feuer
Erloschen. Wissen doch nur, daß ihr Fluß
Versiegt ist. Wissen doch nicht, daß ihr
Wissen nur Lust macht, endlos zu lachen.

X

Sagt: Warum heißt man seit alters sie
Gegensätze? Das Tiefe, das Flache? Sind nicht
Verschwistert sie? Es gehet unmerklich
Das Flache ins Tiefe. Es spüret der Fuß kaum

Den schwindenden Boden des Schwimmers. Also
Mischt sich der Tiefsinn dem Flachsinn, und jene,
Welche da glauben, sie würden noch flachsen,
Wissen sie denn, ob sie längst nicht schon tiefsen?

XI

Wenn aber beide, der Ernste, der Spaßer
Nichts weiter wären als Seiten nur einer
Medaille? Jener, der Ernst, und jener, der
Spaß macht, machen nicht beide? Doch

Träge erwartet, daß man ihr mache
Das Bett, die Menge. Nur keinen Handgriff!
Laßt die nur machen! Uns doch egal
Obs Bett kratzt oder kitzelt!

XII

Wie aber wenn und es schalössen aus sich
Schapaß und das Ernste? Schaweres und Leichtes?
So, wie sich ausschaließt Feuer und Wasser,
Mensch und Schaweinsein, Gott und Schalange?

Es schawebt das Schawert über den Häuptern,
Es kommt zum Schawur für Schawache und Starke:
Was also wollt ihr? Den Leichtsinn? Schawermut?
Tarefft eure Wahl! Der Rest ist Schaweigen.

# ALPHABETISCHES VERZEICHNIS DER GEDICHTANFÄNGE UND -*ÜBERSCHRIFTEN*

Abends aber sitzen Neger   47
Aber das war doch das Glück   30
Ach nein, ich bin keiner von denen   82
Ach nein, ich kann kein Schächer sein   69
All das leuchtet   27
*Alle oder nichts*   126
*Alles klar*   35
Als dann die Lust kam   19
Als er auf die Fünfzig zuging   123
Als hätt ich mich je   86
Als ich dann zum Römer kam   48
*Als sich die Party auflöste*   13
*Also wie nun*   28
Am siebenten Tage aber legte Gott   143
*An alle Arthurs dieser Welt*   111
An einem Deux Chevaux   45
Arm eng, arm schlecht   73
Arr ju launsam tuneit   13
*Auch eine Ästhetik*   104
Auf dem Tischtuch helle Kringel   64
Auf geht die Tür   125
*Aufforderung*   18
Aus dem Lärm, in Fetzen Sätze   81
*Auto und Baum*   45
*Balin, Balin*   93
*Beim Anblick des Fregattvogels*   66
*Beziehungsgespräch*   22
Bitte, Künstler, bilde nicht   110
*Da!*   33
Da setzt ein großes Tier   67
Da tritt sie ein   33
Dann wieder hört man   102
Das Rom der Foren   79
*Das vierzehnte Jahr*   51
Daß es dich gibt   29
Den beugt keine Macht der Welt   119

Den hat kein grübelnd Hirn ersonnen   66
Der da! Wie ist er so allein   126
*Der Deutsche*   123
*Der Doppelgänger*   125
*Der Eiserne*   120
*Der Harte*   122
*Der Künstler im Gespräch*   113
*Der Spieler*   118
*Der (Un)Beugsame*   119
*Der Wanderer*   124
*Der Zähe*   121
Des starken Blau bedächtige Bewegung   41
*Deutscher Aufsatz*   109
*Deutscher im Ausland*   82
Deutsches Dichter kommt nach Rom   76
Dich will ich loben   131
Die Katze spricht   139
*Die Lust kommt*   19
Die Sonne stand schon tief   80
Die Stücke toter Tiere   44
Dies Gelächter   20
*Dies und doch*   20
*Doppelte Begegnung am Strand von Sperlonga*   80
Dort verschleiert sich das Wasser   39
*Drei Buchmessenvierzeiler*   110
Dreimal Ja und dreimal Nein   16
Du denkst, es ist das Taschenmesser   31
*Duett im Bett*   96
*Dunkle Vorgänge auf einer Terrasse in schwachem Mondlicht*   31
*Ecklokal mit Verlierer*   117
Ein ferner Stern im Blau der Nacht   68
*Ein Frühjahr*   32
*Ein lustiges Mißverständnis in der Hostaria Da Nella*   81
*Ein merkwürdiges Mißverständnis im Petersdom*   76
*Einer sucht den Dialog zwischen den Generationen*   26
*Endstation Einsicht*   74
*Er nun wieder*   102
*Ermunterung*   10
Es gibt in Leben wie in Kunst   105
Es liegt was in der Luft   14
*Finger weg*   141

*Frage und Antwort* 25
*Freßgaß, Ende August* 42
*Fröhliche Vögel* 135
*Frommer Wunsch* 24
Gebe, o Gott 51
Gefragt, was er eigentlich wolle 104
»Geld macht nicht glücklich, doch Armut macht weise« 109
*Gemachter Mann* 127
*Geständnis* 15
Hallo, süße Kleine 10
*Herbstlicher Baum in der Neuhaußstraße* 46
Hier sind alle schiech 75
*Hinter der Kurve* 142
Ich habe ein großes Gefühl für dich 15
*Ich Stellvertreter* 65
Ich will alles sagen dürfen 114
Im Freak-Café 74
*Im Operncafé (4.4.1985)* 39
*Immer dasselbe* 23
Italiener sein, verflucht 88
*Ja und Nein* 16
Ja, was haben wir denn hier 111
*Jammer* 67
*Katz und Maus* 139
*Katzengedichte* 132
*Keine Kunst ohne Künstler* 106
Keine nimmt dich besser aus 78
*Körper in Cafés* 21
Kröten sitzen gern vor Mauern 9
*Kunst und Leben* 105
Leiden und Leben und Lesen und Schreiben 114
*L'heure bleue im Antico Caffè della Pace* 77
*Liebesgedicht* 9
Ma wieda durch Balin jegangen 93
Mach dich klein 17
Man ist nur so jung 136
*Man oh man* 136
*Maredo Steak-House* 44
Mein Körper ist ein schutzlos Ding 62
Mein Körper rät mir 63
Mein Mantel hat einen Gürtel 24

*Merksätze trotzig* 134
»Mimi Ostergeier suchen!« 91
Mit der Zeit verschwimmen 77
Mit langen Schritten 127
Musik! Du bist Musik für mich 108
*Musikalisches Opfer* 108
*Nachdem er durch Metzingen gegangen war* 131
*Nachdem er durch Rom gegangen war* 73
*Nachdem er in der Trattoria ›Da Mamma Pia‹ gegessen hatte* 78
*Nacht der deutschen Dichter* 112
*Nacht der Nächte* 14
Nein, Jimmy, wir werden dich nie vergessen 107
Neun Männer treten bei dir ein 138
Nichts kann mir den Glauben 120
*Noch einmal: Mein Körper* 63
Nun soll man ja nicht fragen 141
*Obszöne Zeichnung am Volksbildungsheim* 43
*Ode an James Dean* 107
*Osterballade* 91
*Paare im ›Mizzi Club‹* 84
Pimmel an der Wand 43
*Pizzeria ›Europa‹* 47
*Ratschlag* 138
Respekt, Bewunderung und Liebe 101
*Revision im Spiegel* 61
*Riesling* 86
*Roma aeterna* 79
Sag: Wie wüßt ich, was ich wiege 25
Sagt an, wer hat euch das gelehrt 135
Schön ist es 128
*Schön, schöner, am schönsten* 128
*Schöne Fraun* 12
*Schöpfer und Geschöpfe* 143
Seht: Alles Ernste ist alt 147
Sei gut zu dir 137
Showdown-Time in Tombstone-City 94
*Sibilla* 83
Sibilla, die nicht richtig hinsehen kann 83
»Sie nannten ihn Walter Storchi« 94
Sieben Zeilen, sieben nur 22
*Siebenmal mein Körper* 62

*Sinngedicht* 137
So laufen Männer heute rum 42
So viel Zukunft 26
*Spaßmacher und Ernstmacher* 147
*Stern und Unstern* 68
Stille Nacht, heilige Nacht 112
*Strauß spricht auf dem Römer* 48
Tage gibt es 18
*Tischtuchgedicht* 64
Tja, mein Schatz, das war es dann 122
*Tretboote auf dem Main* 41
Und dann versagte sich 32
Und das Rollen dieser Würfel 118
Und wieder mal an jenem Punkt 65
*Väterliche Ermahnung* 27
Verlierer, komm mir nicht zu nah 117
*Verwunderung* 29
*Via Giubbonari, 19 Uhr 30* 75
Viel hätte nicht gefehlt 124
Von einer Katze lernen 132
*Von Wand zu Wand* 140
*Warum das alles?* 101
Was hinter jener Kurve ist 142
Was Männer an Frauen finden 35
*Weder noch* 69
*Weheklag* 88
Weicht auch die Wand zurück 140
Welch eine wunderschöne Frau 84
Wenn ich meinen Hals betrachte 61
Wenn man irgendwas lange genug macht 134
Wer ist der Herr 11
Wie findest du denn, was ich mache 113
Wie sehr bemerkenswert ist doch 46
Wie so oft schon wirft das Tischtuch 23
Wie willst du mich denn halten 28
Wo du auch hingehst 121
Worte, Worte, nichts als Worte 96
Zum Beispiel Bilder 106
*Zuviel verlangt* 17
*Zwei erinnern sich* 30
*Zwei Tische weiter* 11

# Robert Gernhardt

»Für Leute mit ausgeprägtem
›Sinn für Unsinn‹ ...«
*Badische Zeitung*

1996 wurde Robert Gernhardt
der Richard-Schönfeld-Preis für literarische Satire
verliehen.

Über alles
Ein Lese- und
Bilderbuch
Band 12985

Die Blusen des
Böhmen
Geschichten, Bilder,
Geschichten
in Bildern und
Bilder aus der
Geschichte
Band 13228

Wörtersee
Gedichte
Band 13226

*Fischer Taschenbuch Verlag*

# Robert Gernhardt

»Robert Gernhardt ist ein Profi des Leichten, das schwer zu machen ist. Wir fragen ja nicht, wie einer das über die Jahre hinkriegt, daß sein Salz nicht dumm wird. Wir erwarten einfach Bestform. Hier ist sie. ... «

*Frankfurter Allgemeine Zeitung*

Robert Gernhardt
und F.W. Bernstein

**Besternte
Ernte**

Gedichte

Band 13229

Die Wahrheit
über Arnold Hau

Herausgegeben von
Robert Gernhardt,
F.W. Bernstein und
F. K. Waechter

Band 13230

Es gibt kein
richtiges Leben
im valschen

Humoresken aus
unseren Kreisen

Band 12984

*Fischer Taschenbuch Verlag*

fi 1220 / 4

# ROBERT GERNHARDT IM HAFFMANS VERLAG

**Ich Ich Ich**
Roman

**Glück Glanz Ruhm**
Erzählung Betrachtung Bericht

**Katzenpost**
Kinderbuch mit Bildern
von Almut Gernhardt

**Gernhardts Erzählungen**
Bildergeschichten

**Letzte Ölung**
Ausgesuchte Satiren

**Was bleibt**
Gedanken zur
deutschsprachigen Literatur

**Hier spricht der Dichter**
Bildgedichte

**Schnuffis Sämtliche
Abenteuer**
Bildergeschichten

**Die Toscana-Therapie**
Schauspiel

**Kippfigur**
Erzählungen

**Es gibt kein richtiges Leben
im valschen**
Humoresken aus unseren
Kreisen

**Körper in Cafés**
Gedichte

**Was gibt's denn da zu lachen**
Kritik der Komiker, Kritik der
Kritiker, Kritik der Komik

**Innen und Außen**
Bilder, Zeichnungen,
über Malerei

**Wörtersee**
Gedichte

**Hört, hört!**
Das WimS-Vorlesebuch
(zusammen mit F. W. Bernstein)

**Gedanken zum Gedicht**
Thesen zum Thema

**Otto – Der Film/Der neue Film/
Der Heimatfilm**
Die vollständigen Drehbücher
der Autoren
(zusammen mit Bernd Eilert,
Peter Knorr und Otto Waalkes)

**Lug und Trug**
Drei exemplarische Erzählungen

**Die Falle**
Eine Weihnachtsgeschichte

**Über Alles**
Ein Lese- und Bilderbuch

**Weiche Ziele**
Gedichte 1984 bis 1994

**Die Drei**
Die Wahrheit über Arnold Hau/
Besternte Ernte/Die Blusen
des Böhmen
(zusammen mit F. W. Bernstein
und Friedrich Karl Waechter)

**Ostergeschichte**

**Wege zum Ruhm**
13 Hilfestellungen für junge
Künstler und 1 Warnung

**Was deine Katze wirklich denkt**
13 Lektionen in
Catical Correctness

**Gedichte**
Gedichte 1954 bis 1994

**Vom Schönen, Guten, Baren**
Bildergeschichten und
Bildgedichte

**Lichte Gedichte**